Bibliografische Information der Deutschen Nationalbibliothek:

Die Deutsche Bibliothek verzeichnet diese Publikation in der Deutschen National-
bibliografie; detaillierte bibliografische Daten sind im Internet über http://dnb.d-
nb.de/ abrufbar.

Impressum:

Copyright © 2017 GRIN Verlag, Open Publishing GmbH
Druck und Bindung: Books on Demand GmbH, Norderstedt Germany
ISBN: 9783668484900

Dieses Buch bei GRIN:

http://www.grin.com/de/e-book/370583/trainingsplanung-makrozyklus-mesozyklus-
krafttest-zielsetzung-uebungsauswahl

Anonym

Trainingsplanung Makrozyklus & Mesozyklus. Krafttest, Zielsetzung, Übungsauswahl

GRIN Verlag

Deutsche Hochschule für

Prävention und Gesundheitsmanagement

Hermann Neuberger Sportschule 3

66123 Saarbrücken

Einsendeaufgabe

Fachmodul: Trainingslehre

Studiengang: Fitnessökonomie

Datum
Präsenzphase   **02.05.2017 bis 05.05.2017**

Studienort: **Düsseldorf**

Semester: **2**

Inhaltsverzeichnis

1 Diagnose 1

Zur Feststellung des Ausgangsstandes (Ist-Zustand) werden im Folgenden die allgemeinen und biometrischen Daten meiner Kundin erhoben. Diese sind notwendig für die Ausarbeitung einer geeigneten Trainingsplanung und der Optimierung, hin zu einem für sie zufriedenstellenden Zustand (Soll-Zustand).

1.1 Allgemeine und biometrische Daten 1.1

Tab.1: Allgemeine und biometrische Daten der Kundin (eigene Darstellung)

Daten zur Person	Datenwerte
Alter	32 Jahre
Geschlecht	weiblich
Körpergröße	168 cm
Körpergewicht	72 kg
Trainingsmotive	Gewichtsreduktion, Körperformung
berufliche Tätigkeit	Versicherungskauffrau
aktuelle sportliche Aktivität	1x pro Woche Joggen (geringe Intensität)
frühere sportliche Aktivität	1-3x pro Woche Joggen (geringe Intensität)
zeitlicher Verfügungsrahmen	2-3 Mal pro Woche
Blutdruck	137/89 mmHg
orthopädische Probleme	Rückenschmerzen nach langem Sitzen
internistische Probleme	keine
ärztliche Behandlungen	Verordnung zur Stärkung der Rückenmuskulatur
Medikamente	keine

In der obigen Tabelle sind alle allgemeinen und biometrischen Daten meiner Kundin aufgelistet, welche beim Erstellen der Trainingsplanung relevant sind. Die Angaben dieser erfolgen durch die Kundin selbst. Meine Kundin hat nach Angaben der Weltge-

3

sundheitsorganisation ein leichtes Übergewicht und einen Body-Mass-Index-Wert von 25,5kg/m². Anstrebenswert wäre ein Normalgewicht mit dem BMI-Wert von bis zu 24,99kg/m² (vgl. WHO BMI classification, 2006). Demnach ist ihr Ziel der Gewichtsreduktion auch unter dem gesundheitlichen Aspekt zwingend notwendig.

Die folgende Tabelle listet die Normwerte der Blutdrucksklassifikationen auf.

Tab.2: Blutdrucklassifikation der American Heart Association (eigene Darstellung nach Manica et al., 2013, S. 1286)

Bewertungsstufen	systolischer Blutdruck	diastolischer Blutdruck
Normblutdruck (Normotonie)		
optimal	unter 120 mmHg	unter 80 mmHg
normal	unter 130 mmHg	unter 85 mmHg
hochnormal	130-139 mmHg	85-89mmHg
Bluthochdruck (arterielle Hypertonie)		
Stufe 1	140-159 mmHg	90-99 mmHg
Stufe 2	160-179 mmHg	100-109 mmHg
Stufe 3	>180 mmHg	> 110 mmHg

Der Blutdruckwert der Kundin liegt mit 137/89 mmHg im hochnormalen Wertebereich (vgl. American Heart Association, Manica et al., 2013, S. 1286) und ist somit nicht als Einschränkung anzusehen. Einer Senkung und somit der Klassifizierung hin zum normalen Wertebereich steht durch das nun einsetzende Training und der damit verbundenen Optimierung des Blutdruckes nichts entgegen und ist durchaus als positiv zu bewerten.

Aufgrund ihrer beruflichen Tätigkeit, der überwiegend sitzenden Arbeitsposition, und den bereits entstandenen Rückenschmerzen halte ich den Muskelaufbau vor allem im Rumpf-Bereich für sehr wichtig. Die Belastbarkeit ist demnach nicht eingeschränkt, da auch vom Arzt die Verordnung besteht, Muskelaufbau zur Stärkung des Rückens zu betreiben. Es besteht keine Beeinflussung durch Medikamente und demnach kann bei der Kundin alles ohne große weitere Betrachtung durchgeführt werden. Die Trainierbarkeit schätze ich als gut ein, da die gesetzte Belastungshäufigkeit von 2 bis 3 Mal pro Woche für eine Trainingsanfängerin von starkem Willen für eine Veränderung sprechen.

1.2 Krafttestung 1.2

Tab. 3: Ausgewählter Krafttest: Mehrwiederholungskrafttest (eigene Darstellung)

Testübung	WH	1. Test-satz	2. Test-satz	3. Test-satz	Ergebnis
Rudermaschine	15 Wdh.	20 kg	25 kg	-	25 kg
Rückenstrecker	15 Wdh.	15 kg	20 kg	-	20 kg
Brustpresse	15 Wdh.	10 kg	12,5 kg	15 kg	15 kg
Beinpresse	15 Wdh.	30 kg	35 kg	40 kg	40 kg
Rumpfdrehen an der Maschine	15 Wdh.	5 kg	7,5 kg	10 kg	10 kg
Bauchmuskelmaschine	15 Wdh.	7,5 kg	10 kg	12,5 kg	12,5 kg

Ich wähle für meine Kundin das Testverfahren des Mehrwiederholungskrafttestes aus und somit führen wir für jede ausgewählte Übung fünfzehn Wiederholungen á 3 angesetzten Testdurchläufen aus, da sie noch keinerlei Erfahrung am gerätegestützten Krafttraining aufweist. Durch den Mehrwiederholungstest wird sie dazu bewegt, sich die Bewegungsabläufe anzueignen und der Trainingseinstieg wird ihr erleichtert. Zunächst erfolgt ein allgemeines aufwärmen. Für meine Kundin empfehle ich 10 Minuten auf dem Ruderergometer, da dies ihre durch die alltägliche Belastung geschwächte aufrechte Haltung bereits optimiert. Darauf folgend beginnen wir mit dem speziellen Aufwärmen der einzelnen Muskelgruppen für die in der Tab.3 veranschaulichten Krafttrainingsübungen. Vor jedem ersten Testsatz erfolgt ein Aufwärmsatz mit etwa 50% der Intensität des Trainingsgewichtes. Zwischen den einzelnen Testsätzen ist eine Pausenzeit von etwa 3 Minuten festgelegt (vgl. Zimmer, 1999, S.45-47). Sofern beim ersten Testsatz nicht das maximale Gewicht für die fünfzehn Wiederholungen ermittelt ist, wird dieses zum zweiten Durchgang hin gesteigert. Teilweise ist es nicht nötig alle 3 Testsätze durchzuführen, da bereits nach dem zweiten Testsatz das maximale Gewicht erreicht wird. Dementsprechend richtet sich das Ergebnis nach dem Gewicht des Testsatzes bei dem die fünfzehn Wiederholungen noch korrekt ausgeführt werden können.

Die Reihenfolge der Krafttestung, als auch die ausgewählten Übungen entsprechen der erleichterten Angewöhnung der Kundin ebenfalls der des späteren Trainingsplanes. Die Begründung dieser erfolgt im weiteren Verlauf unter 4. Trainingsplanung.

Beginnend mit der Rudermaschine startet die Kundin mit einem Gewicht von 20 kg im ersten Testsatz und schafft im zweiten Testsatz 25 kg. Der dritte Testsatz entfällt, da bereits die maximale Kraft aufgewendet wurde und somit liegt das Ergebnis bei 25 kg.

Die zweite Übung ist der Rückenstrecker, bei welcher mit einem Gewicht von 15 kg gestartet wird und im zweiten Testsatz auf 20 kg erhöht wird. Auch hier ist der dritte Testsatz nicht nötig und das Ergebnis liegt bei 20kg.

Die dritte Übung ist die Brustpresse. Es wird mit 10 kg gestartet, im zweiten Testsatz auf 12,5 kg erhöht und im dritten Testsatz auf 15 kg erhöht. Somit liegt das Ergebnisbei 15 kg.

Die nächste Übung ist die Beinpresse und der erste Testsatz startet mit 30 kg. Im zweiten Testsatz wird auf 35 kg erhöht und auch ein dritter Testsatz mit 40 kg wird ausgeführt. Somit liegt das Ergebnis bei 40 kg.

Die vorletzte Übung ist das Rumpfdrehen an der Maschine. Der erste Testsatz beginnt mit 5 kg. Dieses wird im zweiten Testsatz auf 7,5 kg und im dritten Testsatz auf 10 kg gesteigert. Das Ergebnis liegt bei 10 kg.

Die letzte Übung ist die Bauchmuskelmaschine. Hier startet der erste Testsatz mit 7,5 kg. Der zweite liegt bei 10 kg und der dritte Testsatz bei 12,5 kg. Somit liegt das Ergebnis bei 12,5 kg.

Angelehnt an die Individuelle-Leistungsbild-Methode, kurz ILB-Methode, ergibt sich für die Trainingsplanung eine Intensität von 50-70% für meine Kundin als Trainingsbeginnerin (vgl. BSA/DHfPG). Die Ergebnisse des Krafttestes dienen hierbei als die Referenzwerte und bilden die maximal mögliche Gewichtslast für die angestrebten fünfzehn Wiederholungen. Besonders gut eignet sich das Testverfahren, um den aktuellen Leistungstand meiner Kundin festzustellen und diesen mit dem veränderten Stand nach Durchführung des Makrozyklus zu vergleichen. Dabei ist die Form der Trainingsplanung eine gute Möglichkeit um die Trainingsentwicklung auch für die Kundin anschaulich zu verdeutlichen, indem die Gewichtssteigerung stets notiert wird.

2   Zielsetzung/Prognose 2

Die von der Kundin festgesetzten Ziele der Gewichtsreduktion und Körperformung werden in der Zielsetzung aufgegriffen und es entstehen drei Ziele auf dieser genannten Basis.

Tab.3: Ableitung von Zielen (eigene Darstellung)

Inhalt	Ausmaß	Zeit
Beseitigung der Rücken-schmerzen	komplett weg	6 Wochen
Gewichtsreduktion	- 3kg Körperfett	8 Wochen
allgemeiner Muskelaufbau	+ 3kg Muskelmasse	10 Wochen

Die festzulegenden Ziele für meine Kundin beziehen sich zum ersten auf das schnell zu erreichende und kurzfristige Ziel ihre Rückenschmerzen zu beseitigen. Dabei ist das Ausmaß als solches festgelegt, dass diese bei oder nach der Arbeit nicht mehr einsetzen und meine Kundin schmerzfrei ihren Beruf ausüben kann. Die angesetzte Zeit sind sechs Wochen, wobei die Schmerzlinderung auf lange Sicht mit dem Ziel des Muskelaufbaus unterstützt wird.

Zum zweiten besteht das Ziel der Gewichtsreduktion, welches mit dem Kundenwunsch übereinstimmt, als auch hier mit dem langfristigen Ziel des Muskelaufbaus darauf hinabsieht, den Körper zu straffen und somit das zweite von meiner Kundin genannte Ziel abdeckt. Wird das geplante Ausmaß der Reduzierung des Gewichtes um 3 kg erreicht, so befindet sich die Kundin vom BMI-Wert im Normalbereich und hat einen Wert von 24,45% (vgl. WHO BMI classification, 2006).

Letztendlich besteht das dritte und langfristige Ziel darin, Muskulatur aufzubauen. Der Kundenwunsch der Körperformung ist dadurch optimal abgedeckt, als auch die zu schwach ausgebildete Rückenmuskulatur mit der Folge der auftretenden Rückenschmerzen wird präventiv und langfristig stabilisiert. Dieses und auch das Ziel der Gewichtsreduktion sind anhand einer genauen Körperwaage zu ermitteln. Nach den ersten festgelegten 8 Wochen zur Gewichtsreduktion von 3 kg ist dadurch festzustellen, ob Körperfett verloren wird. Ebenfalls nach den zehn Wochen des Muskelaufbaus, wird anhand der Körperwaage festgestellt, ob das Ziel von der Zunahme an 3 kg Muskelmasse erreicht wird.

3   Trainingsplanung Makrozyklus 3

Tab.4: Trainingsplanung Makrozyklus (eigene Darstellung)

	Mesozyklus 1	Mesokyklus 2	Mesozyklus 3	Mesozyklus 4
Dauer	6 Wochen	6 Wochen	6 Wochen	6 Wochen
Trainingsziel	Kraft-Ausdauer	Kraft-Ausdauer	Hypertrophie extensiv	Hypertrophie intensiv
Organisationsform	GK-Stationen	GK-Zirkel	GK-Stationen	GK-Zirkel
Häufigkeit/Woche	2	2	3	3
Übungen/Muskel	1-2	1-2	1-2	1-2
Sätze/Übung	3	3	3	3
Satzpause	45 Sek.	-	60 Sek.	-
Intensität	50-70%	50-70%	50-70%	50-70%
Wiederholungen	20	15	10	8
Bewegungstempo	2:0:2	2:0:2	2:0:2	2:0:2

3.1   Begründung Traininingsmethode 3.1

Das Trainingslevel der Kundin ist als Trainingsanfänger einzustufen, wodurch die Grundlage durch das Kraft-Ausdauer Training gelegt wird. Hierbei ist das gerätegestützte Krafttraining als Einstieg besonders gut geeignet, da die Bewegungsausführung vorgegeben ist und somit die Verletzungsgefahr gesenkt wird. Optimiert wird dies durch den Wechsel mit an Geräten stattfindendem Zirkeltraining. Als Steigerung und mit fortschreitendem Trainingszustand und Belastungslevel, wird danach das Hypertrophietraining eingeführt, welches ebenfalls sowohl als stationäres Gerätetraining stattfindet, als auch im Zirkel absolviert wird. Hierdurch wird im zweiten Abschnitt des Mesozyklus primär der Muskelaufbau angestrebt, mit welchem die geschwächte Rücken- und Rumpfmuskulatur aufgebaut wird und auch die Straffung des Körpers stattfindet.

3.2   Begründung Belastungsparameter 3.2

Mit der Absicht einer progressiven Steigerung sind für meine Kundin zu Beginn zwei Einheiten pro Woche geplant. Durch das angesetzte Ganzkörpertraining hat sie dadurch eine ausreichende Reizbelastung und kann das bisher noch ungewohnte Training in ihren Alltag integrieren. Die Übungen der Rücken- als auch Bauchpartie, also der zur stärkenden Rumpfmuskulatur sind je zwei Übungen zugewiesen. Wohingegen der Antagonist der Brustmuskulatur und somit der Ausgleich hin zu einer aufrechten Sitzhaltung im Beruf als auch mit Auswirkung auf die Ganghaltung mit einer Übung versehen ist. Ebenfalls die Beinmuskulatur bekommt eine Übung zugewiesen, damit alle Muskelgruppen im Ganzkörpertraining abgedeckt sind und sie außerdem ihre Autostabilisation erweitern kann. Die Satzzahl bleibt während des gesamten Zyklus bei drei, wobei sich die Anzahl der Wiederholungen dem jeweiligen Trainingsziel anpassen. Nach den ersten 12 Wochen mit dem Trainingsziel die Kraft-Ausdauer zu verbessern, startet in der zweiten Hälfte des Zyklus der Muskelaufbau, wobei auch die Trainingseinheiten auf drei Mal pro Woche erhöht werden. Die Trainingsform bleibt dabei das Ganzkörpertraining, um nicht zu viele neue Reize auf einmal zu schaffen, und auch um dem zeitlichen Verfügungsrahmen der Kundin gerecht zu bleiben. Insgesamt ist die Intensität sowohl beim Kraft-Ausdauer, als auch beim Hypertrophietraining im Bereich von 50-70% der in der Krafttestung ermittelten maximal aufzubringenden Kraft (vgl. BSA/DHfPG).

3.3   Begründung Organisationsform 3.3

Beginnend mit sechs Wochen stationärem Kraft-Ausdauer Training wird eine gute Grundlage für die noch nicht an Belastung gewöhnten Muskeln, Sehnen, Gelenke und Bänder der Kundin geschaffen. Anschließend bleibt es für weitere sechs Wochen beim Kraft-Ausdauertraining in Form eines Ganz-Körpertrainings, wobei das rein stationäre Training zum Zirkeltraining variiert. In der zweiten Hälfte des Makrozyklus wechselt die Organisationsform wieder zum stationären Ganzkörpertraining, da die Kundin durch die neu einsetzende Belastung im Hypertrophietraining in die nun gewöhnte Ausführung an den Geräten zurückkehren kann. Auch hier wird nach weiteren sechs Wochen die Abwechslung geschaffen, indem das intensive Hypertrophietraining erneut im Zirkel absolviert wird.

3.4   Begründung Periodisierung 3.4

Der Makrozyklus umfasst einen Zeitraum von insgesamt sechs Monaten, welcher vier Mesozyklen á sechs Wochen beinhaltet. Dabei soll die Intensität während des gesamten Zeitraumes progressiv gesteigert werden, um den maximalen Erfolg meiner Kundin zu garantieren. Somit sind sowohl die Periodisierung als auch die Steigerung linear (vgl. Fröhlich, Müller, Schmidtbleicher & Emrich, 2009, S. 308). Damit dieses gewährleistet werden kann, findet in den einzelnen Mesozyklen ein Wechsel sowohl in dem Trainingsziel von Kraft-Ausdauer hin zu Hypertrophie, als auch in der Organisationsform von stationärem Ganzkörpertraining und Ganzkörpertraining in Form eines Zirkels statt. Die einzelnen Mesozyklen haben den selben Umfang, da sowohl der Einstieg als auch die Fortführung durch das Kraft-Ausdauertraining an die Belastungen gewöhnt, den Blutdruck senkt und die Gewichtsreduktion beeinflussen kann und somit ein Teil der gesetzten Ziele abdeckt. Aber auch das Hypertrophietraining mit dem Fokus auf der Stärkung der Rücken- und Rumpfmuskulatur erhält die gleiche Wichtigkeit. Nachdem also die Grundlage insbesondere die Eingewöhnung an das Training an die Kundin selbst als auch an den Körper stattgefunden hat, werden durch die Reduzierung der Wiederholungen neue Reize und ein neues Trainingsziel verfolgt. Dies fördert zum einen die Motivation der Kundin, indem Variabilität gegeben ist, als auch den Trainingserfolg.

4   Trainingsplanung Mesozyklus 4

Tab.5: Mesozyklusplanung (eigene Darstellung)

Zyklusdauer: 6 Wochen	Trainingsziel: Kraft-Ausdauer-Training
Einheiten pro Woche: 2	Organisationsform: Ganzkörper-Training
Übungen pro Muskelgruppe: 1-2	Sätze pro Übung: 3
Satzpausen: 45 Sekunden	Wiederholungen: 20
Bewegungstempo: 2/0/2	Intensität: 50-70%

Der in der Tab.5 aufgeführte Mesozyklus umfasst die ersten sechs Wochen Training meiner Kundin. Dabei ist das Ziel der Trainingseinstieg durch die Kraft-Ausdauer-Methode, bei welcher 20 Wiederholungen und je drei Sätze pro Übung durchlaufen werden. Die Übungen pro Muskelgruppe beschränken sich bei der Bein- und Brustpartie auf eine Übung, bei der stärker zu trainierenden Muskelgruppe des Rückens- und Bauches auf je zwei Übungen. Dabei liegt die Pausenzeit zwischen den Sätzen bei 45 Sekunden, die Intensität zwischen 50-70% aufgrund des Trainingsziels und der Organisationsform (vgl. Güllich & Schmidtbleicher, 1999, S. 232). Außerdem ist das Bewegungstempo auf zwei Sekunden in der exzentrischen Arbeitsphase, keine Haltezeit und zwei Sekunden in der konzentrischen Arbeitsphase festgellt, sodass insgesamt ein eher langsames Bewegungstempo erfolgt.

Tab.6: Mesozyklus 1: Krafttrainingsübungen (eigene Darstellung)

Übung	Wdh.	ILB-Test-Ergeb-nis	1.Woche 50%	2.Woche 50%	3.Woche 55%	4.Woche 60%	5.Woche 65%	6.Woche 70%
Ruderma-schine	20	25 kg	12,5 kg	12,5 kg	14 kg	15 kg	16 kg	17,5 kg
Rückenstre-cker	20	20 kg	10 kg	10 kg	11 kg	12 kg	13 kg	14 kg
Brustpresse	20	15 kg	7,5 kg	7,5 kg	8 kg	9 kg	10 kg	11 kg
Beinpresse	20	40 kg	20 kg	20 kg	22 kg	25 kg	30 kg	32,5 kg
Rumpfdrehen an der Ma-schine	20	10 kg	5 kg	5 kg	5,5 kg	6 kg	6, 5 kg	7 kg
Crunches an der Maschine	20	12,5 kg	5 kg	5 kg	6 kg	7,5 kg	8 kg	9,5 kg

4.1 Begründung Übungsauswahl 4.1

Der Trainingsplan meiner Kundin beinhaltet sechs Übungen, welche alle an der Maschine ausgeführt werden. Dadurch bietet sich die ideale Einführung in das bisher noch völlig unbekannte Krafttraining, wodurch die Bewegungsabläufe durch die Maschine gelenkt und somit leicht zu erlernen sind. Weitere Vorteile der durch die Maschine gelenkte Bewegung sind die gesenkte Verletzungsgefahr, als auch die individuelle Einstellbarkeit des Gerätes abgestimmt auf die jeweilige Person. Die meiner Kundin wichtigen Muskelgruppen, nämlich der Rücken und Bauch, bekommen je zwei Übungen zugeteilt. Um das Ganzkörpertraining zu komplettieren und auch die jeweiligen Gegenspieler anzusprechen sind für die Beine und die Brust noch je eine Übung zugeteilt. Somit sind alle Muskelgruppen pro Training abgedeckt. Insgesamt finden in diesem Mesozyklus zwei Reize pro Muskelgruppe pro Woche statt, welche für eine Trainingseinsteigerin zunächst ausreicht.

4.1.1 Rudermaschine

Die erste Übung ist die Rudermaschine. Gestartet wird hier mit einer Übung für die am nächsten liegende Zielsetzung, der Beseitigung der Rückenschmerzen. Die beanspruchten Muskulaturen sind der M. latissimus dorsi, M. deltoideus pars clavicularis, M. trapezius, M. rhomboideus major et minor und der M. infraspinatus. Als Hilfsmuskeln dienen der M. biceps brachii und M. brachialis. Die Ausübung erfolgt an der Maschine und ist somit statisch.

4.1.2 Rückenstrecker

Die zweite Übung für die gesetzte Zielsetzung trainiert den durch das viele Sitzen geschwächten Rückenstrecker. Durch die Maschine wird hier der M. erector spinae dynamisch über ein Gelenk trainiert und gestärkt. Dadurch kommt es beim langen Sitzen im Beruf zu keinen Schmerzen mehr. Diese Übung wird den folgenden mehrgelenkigen Übungen vorgezogen, da eine Muskelpartie nach der anderen abgeschlossen wird. Für den Einstieg wurde die Ausführung an dem Gerät gewählt, welches im späteres Verlauf durch den freien Rückenstrecker und somit der zusätzlichen Beteiligung der ischiocruralen Muskulatur erweitert werden kann.

4.1.3 Brustpresse

Durch die Brustpresse wird beabsichtigt die Gegenspieler zur zuvor trainierten Rückenpartie zu stärken. Dies sorgt für eine gerade Sitz, als auch Körperhaltung, welche bei meiner Kundin durch die sitzende Tätigkeit geschwächt sind. Die Übung erfolgt mehrgelenkig über das Ellenbogengelenk, als auch über das Schultergelenk. Die beanspruchten Muskeln sind der M. pectoralis major, welcher durch den M. triceps brachii, M. deltoideus pars clavicularis, M. anconaeus und den M. serratus anterior unterstützt wird. Hier wäre die Erweiterung durch die selbe Bewegungsausführung liegend auf einer Flach- oder Schrägbank mit Kurz- oder Langhanteln möglich, welche allerding erst nach ausreichend vorhandenen Grundmuskulatur sinnvoll ist.

4.1.4 Beinpresse

Die Beinpresse trainiert den M. quadriceps femoris, M. glutaes maximus und M biceps femmoris in erster Linie. Als Hilfsmuskeln dient hier der M. erector spinae je nach Winkel des Gerätes. Die im Alltag meiner Kundin nicht allzu stark beanspruchte Beinmuskulatur wird durch diese mehrgelenkige Übung gut trainiert und dient aufgrund der großen Muskelgruppen als gute Grundlage für die Anregung der Körperfettreduktion durch einen erhöhten Energieverbrauch.

4.1.5 Rumpfdrehen an der Maschine

Um die Rotation der Longitudinalachse zu aktivieren, welche als Stütze für die schwache Rückenmuskulatur dient, ist als nächste Übung das Rumpfdrehen dran. Hierbei werden sowohl der M. rectus abdominis, als auch der M. obliquus externus und internus abdominus trainiert.

4.1.6 Crunches an der Maschine

Um weiterhin die Bauchmuskeln zu aktivieren, erfolgt die letzte Übung an der Bauchmuskelmaschine. Somit ist der Antagonist zum Rückenstrecker gefragt, bei welchem der M. obliquus externus in erster Linie beansprucht ist. Auch diese Übung dient der Unterstützung der Rückenmuskulatur und sorgt ebenfalls für eine gute Körperspannung für Alltag und Beruf. Die beiden Bauchmuskelübungen können durch die Ausführung an einem Kabelzug oder im freien Stand mit Zusatzgewichten erweitert werden, wobei neben der beanspruchten Bauchmuskulatur die Autostabilisation gefragt ist.

5 Literaturrecherche – Osteoporose

Tab.7: Studien zu Krafttraining bei Osteoporose (eigene Darstellung)

	Studie 1	Studie 1
Wer?	Siegrist M., Lammel C., Jeschke D.	Kemmler W., von Stengel S., Lauber D., Weineck J., Kalender WA., Engelke K.
Jahr?	2006	2007
Versuchspersonen	69 Frauen mit Osteoporose nach der Menopause	- 137 Frauen, ohne Einnahme von auf den Knochenstoffwechsel auswirkende Medikamente
Versuchsaufbau	- Studiendauer: 1 Jahr - Alle 69 Frauen nehmen zwei Mal pro Woche an einer angeleiteten Wirbelsäulengymnastik teil - 26 dieser Frauen betreiben zusätzlich zwei Mal pro Woche Krafttraining (60-80% des 1RM) - 23 dieser Frauen betreiben zusätzlich zwei Mal pro Woche Krafttraining an vibrierenden Trainingsgeräten - Die restlichen 20 Frauen betreiben	- Studiendauer: 5 Jahre - 86 der Frauen führen ein komplexes und intensives körperliches Training durch, davon 2-3 Mal pro Woche Gruppentraining und 1-2 Mal Heimtraining - 51 Frauen sind nicht Trainierende - alle Frauen bekommen individuell abgestimmt Kalzium und Vitamin-D Zusätze - nach 3 Jahren teilt sich bei den Trainierenden das Ausmaß in eine schnell

13

	ausschließlich die Wirbelsäulengymnastik	und eine langsam trainierende Gruppe auf
Ergebnisse	- Das einfache Krafttraining führt zu einer Zunahme der Knochenfläche des Oberschenkels von 1,3% - An der LWS sind keine Veränderungen zu erkennen - Wirbelsäulengymnastik verbessert Beinkraft um 22% - Schmerzen und Wohlbefinden verbessern sich durch Wirbelsäulengymnastik am meisten → Kraft und Wohlbefinden werden durch Wirbelsäulengymnastikverbessert → Krafttraining mit Vibration bewirkt Kraftzunahme → Kraft und Knochenstruktur wird durch einfaches Krafttraining verbessert	→ die nicht Trainierenden haben eine Reduktion der Knochendichte im LWS-Bereich um -3,3% und eine erhöhte Schmerzintensität in diesem Bereich → die Trainierenden weißen eine Verbesserung dieser auf

14

6   Literaturverzeichnis

American Heart Association, nach Manica et al. (2013). *Blutdruckklassifiktion* S.1286.

BSA/DHfPG, *Grobraster zur Trainingsplanung nach der ILB-Methode.* Saarbrücken

Fröhlich M., Müller T., Schmidtbleicher D. & Emrich E. (2009). Outcome-Effekte verschiedener Periodisierungsmodelle im Krafttraining. *Deutsche Zeitschrift für Sportmedizin,* 60 (10), 308.

Güllich A. & Schmidtbleicher D. (1999). Struktur der Kraftfähigkeit und ihre Trainingsmethoden. *Deutsche Zeitschrift für Sportmedizin,* 50 (7/8), 232.

Kemmler W., von Stengel S., Lauber D., Weineck J., Kalender WA. & Engelke K. (2007). Umsetzung leistungssportlicher Prinzipien in der Osteoporose-Prophylaxe – Zusammenfassende Ergebnisse der Erlanger-Fitness und Osteoporose Präventions- Studie (EFOPS). *Deutsche Zeitschrift für Sportmedizin,* 58 (12), 427-430.

Siegrist M., Lammel C. &Jeschke D. (2006). Krafttraining an konventionellen bzw. oszillierenden Geräten und Wirbelsäulengymnastik in der Prävention der Osteoporose bei postmenopausalen Frauen. *Deutsche Zeitschrift für Sportmedizin.* 57 (7/8), 182.

WHO BMI classification, Zugriff am 08.05.2017 unter http://apps.who.int/bmi/index.jsp?introPage=intro_3.html

Zimmer M. (1999). *Entwicklung und Erprobung eines Mehrwiederholungstests zur Erfassung der Kraftleistung im Fitneß-Training.* Saarbrücken S. 45-47.

7   Tabellenverzeichnis